JN411597

바람이 보인다

국립중앙도서관 출판시도서목록(CIP)

바람이 보인다 : 최신림 두 번째 시집 / 지은이: 최신림.
-- 전주 : Book Manager, 2013
p. ; cm

ISBN 978-89-6036-153-9 03810 : ₩10000

한국 현대시[韓國 現代詩]

811.7-KDC5
895.715-DDC21 CIP2013010352

바람이 보인다 최신림 두 번째 시집

인 쇄 2013년 9월 25일
발 행 2013년 9월 30일

지 은 이 최 신 림
펴 낸 이 김 서 종
편 집 문 주 복
펴 낸 곳 도서출판 Book Manager
전주시 완산구 메너머 4길 25-6
출판등록 제 95-3호
전 화 063-226-4321
팩 스 063-226-4330
전자우편 102030@hanmail.net

값 10,000원

ISBN 978-89-6036-153-9 03810

※ 이 책은 전라북도 문예진흥기금의 지원을 받았습니다.

바람이 보인다

최신림 두 번째 시집

도서출판 Book Manager

시인의 말

한낮의 보드라운 햇살에 잠시 머물다 가는 바람처럼 순하고 여린 마음으로 때론 조심스럽게 살고 싶었습니다. 해를 거듭하면서 삶의 중심에 심어놓았던 작은 씨앗들이 그 햇살과 바람으로 조금씩 여물어 가게하고 싶었습니다.
하지만 제대로 물길을 내어주지 못해 시들시들 말라갈 때 바람과 햇살을 껴안은 먹구름 속에서 단비를 내려주어 또다시 열매를 맺을 수 있게 해주었습니다. 많은 열매 중에서 어떤 열매는 다 자라지 못해서 작고, 쭈글쭈글하고, 홈이 있어 온전하지 못하더라도 서로를 응원하며 함께했던 순간만큼은 소중하게 간직하고자 합니다.

첫 시집 ≪홀로 가는 길≫을 펴낸 후 공백기가 있었습니다. 그간 짬짬이 모아둔 글들을 더 이상 골방에 묵힐 수가 없기에 쌓인 묵은 먼지를 훌훌 털고 가벼운 깃을 달아 세상으로 내보내 바람처럼 구름처럼 이 곳 저곳으로 날아다니라고 언어의 날개를 모두 달아줬습니다.

이번 시집에는 연작시를 수록하여 보았습니다. 하나의 주제를 가지고 다양하게 표현해 보았고, 읽다보면 때론 싱겁기도 하고 저것도 詩일까 하는 독자들도 있으리라 사료됩니다. 하지만 중점을 둔 것은 시의 작품성이 결여되어 잘 쓰지 않는 이야기를 칼럼 詩로 거친 문구를 부드럽게 써보려고 노력 하였습니다. 두 번째 펜을 들어 사회에 숨어있는 가슴 아린 소재를 편한 마음으로 써보았습니다. 마지막 또 하나는 어머니에 대한 그리움입니다. 너무 일찍 내 곁을 떠나 별이 된 어머니의 그리움을 짤막하게 써보았습니다.
달이 지니 별 홀로 쓸쓸한 어둠 밝힙니다.

2013년 덕천 황토현에서
최 신 림

2부 _ 일탈

3부 _ 하늘을 벗 삼아

4부 _ 사모곡

5부 _ 역마살

6부 _ 상고대

7부 _ 참회의 기도

■ 시 평설

삶으로부터 자유로운 시의바람
– 최신림론

(시인) 박정희

봄부터 웃자라기 시작한 연록의 이파리가 무성해지다보면 언제 부터인가 하나의 푸르름이 되어 있다는 것을 알 수 있다. 하지만 시인은 삶의 텃밭에 심어놓은 다양한 생각의 무늬를 시어 한자 한자로 가꾸어가며 작품을 완성해 나간다. 안락하고 행복한 순간보다 아리고 시린 굴곡을 힘겹게 지나고 나면 오래 숙성된 것처럼 사람 내음이 짙어진다. 짙은 사람의 내음이야말로 시인에게 있어 양념으로 작용한 듯 작품 마다 그 맛의 깊이가 더해지는 것을 알 수 있다. 여기에 끼얹은 고명이야말로 시인이 지향하는 작품의 세계관이라 한다면 최신림 시인의 고명은 바로 삶 그 자체의 꾸밈없는 방향과 일치함을 알 수 있다.

처음 최시인을 만난 것은 10여 년 전 동인지에서였다. 자신을 촌놈이라고 자신감 있게 말하던 표정에 소탈하면서도 순박함이 묻어나 있었다. 동년배로서 거리낌이 없이 지내던 어느 날 나의 작품을 보고 "이건 시가 아니다."라고 당돌하게 말할 만큼 당시 최시인의 안목은 나를 담금질 하게 하는 계기가 되어주었다. 농사철이면 황톳물이 든 흰 고무신을 신고 술 한 잔 생각나서 시내에 나왔다는 옷깃에서 보릿대를 태운 냄새가 스멀스멀 피어나기도 했다. 겨울이면 검정색 털신을 신고 머쓱한 표정으로 넉살좋게 나타나기도 했지만, 이번에 두 번째 시집 해설의 갑작스런 부탁을 받고 열흘이 넘도록 초안도 잡지 못한 채 끙끙 앓기만 했다. 이런 나의 심정을 알기라도 한 듯 껄껄껄 웃으며 그냥 지금까지 본 대로 느낀 대로만 쓰면 될 것이라던 그 한 마디의 말이 가장 큰 용기가 되었다.

우선 최신림 시인의 제 1집 ≪홀로 가는 길≫에서는 젊은 날 오랜 방황의 정점에서 주체할 수 없는 번뇌를 수행과 탐색을 통해 비로소 자아를 찾아가는 과정의 산물이라 할 수 있다. 삶에서 한 걸음 뒤로 물러선 청춘의 피 끓는 내면세계로의 여행에서 삶의 구체적인 본질을 찾아 가는 수행을 통해 경험하고자 고뇌했다. 이번 두 번째의 시집 ≪바람이 보인다≫에서 또한 인생의 원형을 만지작거리면서 주체할 수 없는 역마살의 끼가 다분하다. 하지만 제 1집에 비하여 보다 안정적인 삶의 터전을 일구어가는 가운데 일상인의 자기 검색을 거쳐 주변의 현상에까지 훨씬 확장된 인지의 충격을 이끌어낸다.

겉으로는 평범해 보이지만 정신세계의 지배는 역시 문학을 향한 끊임없는 질주가 있었음을 알 수 있다. 덥석 손 내밀어 악수를 나누어도 부담이 없는 호의적인 태도를 보이는 것과 걸맞지 않게 최신림 시인의 문학세계는 보이는 것과 보여주는 세계의 차이를 확실히 느낄 수 있다.

저 산에
부는 바람 갈 곳 없어
하늘자리에 떠 있다

새벽 부서진
어느 성좌의 그늘

파도처럼
일렁이는 바람결
일렁이는 바람결
일렁이는 바람결

깨진 평형은
갈 곳이 없다

– 갈 곳이 없다 - 전문

우리는 여기에서 모순과 비리로 가득한 사회적인 현상에 때론 방관자가 되어서 하루하루 살아가기에 급급했음을 알 수 있다. 우리 모두의 각성을 촉구하듯 바람은 그저 "하늘 자리에 떠있다"고 말한다. 턱하니 한 자리를 차지하고 멈추어버린 바람이 되고 만 것이다. 마치 새벽이면 사라지는 "어느 성좌의 그늘"아래서 바람의 그림자가 짙은 수면 위에도 떠있는 것을 시각적인 효과를 통해 "일렁이는 바람결"을 반복은 갈 곳이 없는 바람의 형상을 가시화시킴으로서 심각한 자연 환경의 현주소를 고발하는 것이다.

최신림 시인은 오래전 '환경기초시설 감시단'으로 활동하면서 누구보다 그 피해의 심각성을 이미 자각한 이래로 각성을 촉구했다. 문명이란 빗장을 내걸고 자행하는 인간의 사악한 이기로 인한 심각성은 <일탈>이란 시에서 "지구에 기력 빼앗긴 희뿌연 달 힘없는 모습으로"표현하였다. 어둠이 내렸음에도 불구하고 "도심은 정글 속 탈출하지 못하도록" 묶어 버린 그 안에서 우리 인간 또한 치열한 삶의 현장에서 벗어나지 못하고 있음을 시사하고 있다. 바람의 자유마저 구속해버린 우리 인간이지만 제목을 <일탈>이라함으로서 이러한 현 사회적인 모순과 악습을 벗어던지고 하루라도 빨리 변화된 새로운 세상을 꿈꾸는 희망을 담아 역설적인 제목을 붙인 것으로 보인다.

<언제나 타인>이란 시의 부제목 - 어느 여배우의 죽음-에서는 "검은 빗살에 온 몸을 난도질당한 무명 새鳥"처럼 살다간 어느 여배우의 죽음에 타인일 수밖에 없는 병든 사회적 악습에 일침을 가하고 있다.

미셸 푸코는 "시인은 자기가 사는 당대 문화에서의 극한 상황을 표시하는 사람이다."라고 말했다. 즉 당대 사회의 내부 모순을 직감적으로 민감하게 알고 있어야 한다는 것이다. 자의식이 강한 사람이 곧 시인으로 시와 사상思想은 선택의 문제가 아닌 조화의 문제이다. 이처럼 한 시인의 경험이 작품

에 고스란히 반영되고도 남음이 있음을 알 수 있으나 이는 현 시대를 살아가는 당면한 과제이기도 하다. 그것이 바로 문학의 또 다른 양상으로서 시대의 반영이라는 숙명을 사명감으로 갖고 있음을 알 수 있다.

최신림 시인의 시는 전반적으로 짧고 경쾌하여 쉬이 읽어 내려갈 수 있다. 또한 조사의 절제를 통해 단정하고 깔끔한 반면에 독자로 하여금 시에 집중할 수 있도록 팽팽한 긴장감을 갖게 하면서 다소 딱딱한 느낌이 들게 한다. 그렇지만 시침질하듯 경쾌한 호흡으로 읽어갈 수 있는 이 시집의 제목인 <바람이 보인다>에서 변주된 색다름을 찾아볼 수 있다.

비 오는 날엔
바람이 보인다

한줄 사선으로 비바람이
일제히 서서 방천 개울 빗살무늬로 지나간다

흔들리지 않으려 안간힘 쓰며
한 뜸 한 뜸 앞으로 나가려는
할머니의 풍선 같은
흔들리는 허연 머리칼에
바람이 솔솔 보인다

부드러운 혀에 언어의 뼈가 숨어있듯
흔들리는 바람 속에도 강한 뼈가 숨어
지나왔던 다리 난간 위를 지나
저만치 다리 밑으로 바람은 흘러간다

바람은
힘주며 거꾸로 거슬러
올라가는 연어처럼 세차다

팽팽한 물의장력에
투명한 투망 던져
순간 일어서는 바람은
해年 살이 마친 별빛으로 숨는다

– 바람이 보인다 – 전문

비바람이 부는 모습을 눈여겨 본 사람이라면 아마도 공감이 가는 시일 것이다. 바람이 불어오는 방향은 감지할 수 있으나 결코 바람은 눈에 보이지 않는다. 바람을 볼 수 있는 것은 위의 시에서처럼 비바람이 부는 날이다. 바람에 흔들리지 않으려고 비는 안간힘을 쓰지만 바람은 자신의 존재를 드러내기 위해서 비를 온몸으로 밀어낸다. 바람이 힘에 부치는 형상을 "할머니의 풍선 같은"이란 구체적인 서술을 함으로 시적 맛은 배가되지만 왜 그 바람 속에서 "흔들리는 허연 머리칼에/ 바람이 솔솔 보인다"고 했을까? 이는 강하게 내리는 비를 바람이 밀어내기에 힘이 부치지만 필사의 힘을 가하는 바람의 모습이 잘 보이도록 하기 위한 장치인 것이다. 또한 비 내리는 흐린 날의 정황상 흐릿하기에 잘 보이지 않을 수 있어 할머니의 흰 머리카락이란 시각적 대조를 통해 선명한 이미지를 극대화시킨 부분으로 보인다.

하지만 눈으로만 보이는 것이 전부가 아닌 부드러운 언어에도 "흔들리는 바람 속에도 강한 뼈가 숨어" 다시금 힘차게

나갈 수밖에 없는 것이 또한 우리네 삶이다. 종국에는 "해年살이 마친 별빛으로 숨는"것인지 모르는 <바람이 보인다>라는 시에서 우리의 삶도 경건해지도록 이끈다.

이처럼 자연 현상의 작고 사소한 발견을 통해 사유의 깊이를 더해가는 문학은 인간탐구, 곧 인간학으로 인간의 이야기가 중요한 주제요, 소재란 점에서 어느 시대나 다를 바 없는 일상인으로서 다양한 삶의 모습이 반영된다. 문학에 접근하는 가장 쉬운 방법이 자기의 이야기를 소재로 하는 것은 그만큼 진정성이 깃들어 있기 때문이다. 문학적 진정성에 대하여 방민호 평론가는 "작가가 겉으로, 공식적으로 승인하는 이데올로기 차원을 넘어서는 것이다. 그것은 작가를 그 사람으로 만든 가장 근원적인 세계로부터 퍼 올려 져서 그의 작품 속으로 들어간 것이다."라고 말한 것처럼 최신림 시인 또한 시를 접하던 초창기에 써놓은 작품을 이번 제 2시집에 싣는 것은 부족하지만 애착을 버릴 수 없어 마음 안에서 훌훌 털어 날려 보내고 싶다고 말한다. 최신림 시인의 겸허함이 오히려 인간적이게 하는 "사모곡"이란 연작시 중의 한 편이다.

생전의 어머님 얼굴
눈감아 보아도
떠오르질 않는다
어머님 품 그리워
꿈속에서 불러 보지만
돌아치는 건

맴도는 눈물 뿐

초침은
참으로 빠르다
추억은 망각을 넘어
서산너머로 가버리고

내 살갗에 느끼는
자식의 따스한 체온이
활짝 웃으시던
어머니 촉촉한 느낌이다

– 사모곡 7 – 전문

눈이 아닌 마음으로 읽어가야 할 시이다. 떠나간 어머니의 생전 모습마저 떠오르질 않는 심정을 어찌 말로 다할 수 있으랴! 하루하루 살기에 급급한 나머지 잊고 사는 것들이 너무나 많다. 몸과 마음의 버팀목으로서 가장 큰 위안이고 의지이며 용기를 주셨던 어머니의 사랑의 흔적마저 "추억은 망각을 넘어"가 버렸으나, 자식의 살갗의 체온을 통해 비로소 어머니를 느낄 수 있는 때늦은 깨달음을 얻으며 후회하는 이 세상의 모든 자식들이 그러할지 모른다. 한 폭의 그림에서 무언가 빠진 듯 미완으로 남아버린 그 공백이 바로 모성이 아닐까 싶다.

8편의 연작시 <사모곡>에서 어머니의 모습의 형상이 각기 다르게 다가옴을 알 수 있다. <사모곡 1>에서는 "어미새의 슬픈 이야기", <사모곡 2>는 "목련 꽃잎"으로 <사모곡 3>에서는 "아낌없이 주는 나무"로 <사모곡 4>에서는 "흙냄새"를 통해서 <사모곡 5>는 "억새" <사모곡 6>에서는 "거북등처럼 거칠었던 손"이 되어버린 그 손으로 "투박하게 무쳐진 겉절이가"먹고 싶다고 했으며, <사모곡 8>에서는 "순간의 바람으로" 연작시마다 가슴 가슴 새겨진 아련한 기억의 물코를 튼다. 천천히 흘러가는 물줄기는 회한의 눈물과 섞이며 추억의 물무늬를 씨줄과 날줄에 엮어 촘촘하게 짜놓음으로서 더욱 애절한 마음의 울림이 강하게 스며드는 느낌이다.

호라티우스는 ≪시론≫에서 "시란 아름답기만 해서는 안 된다. 인간의 마음을 뒤흔들 수 있어야 하고, 듣는 사람의 영혼을 마음먹은 대로 이끌 수 있어야 한다."고 하였다. 그런데 시를 쓴다는 강박관념이 시를 꾸미게 한다. 여기에 간절하고 애절한 마음이 강할수록 감상적인 토로에 그칠 경우가 많다. 시인의 감정이 직접적으로 드러나면 울림이 약할 수밖에 없으므로 <사모곡> 연작시에 소재로 삼은 각 형상에 따른 상투적인 관념어를 배제하고, 새로운 발상의 구체를 보다 실감 있게 드러냈다면 훨씬 완성도가 높아졌을 것이라 생각되어진다.

그렇다면 과연 보이는 것과 보여주는 것의 차이는 무엇일까?

최신림 시인은 정읍에서 태어나 줄곧 고향에서 살았다 해도 과언이 아니다. 지금은 고향의 면 소재지에서 부모님께서 일구던 농토와 옛 추억의 숨결을 고스란히 간직하고 있는 산하를 지키며 살고 있다. 더욱이 각별할 수밖에 없는 고향이 바로 동학의 발상지란 점에서 최신림 시인의 시 정신과 역사관의 모태가 되어주는 것은 당연하다. 그래서 더욱 선열들의 피와 땀이 스며있는 농토의 소중함을 넘어 그곳에 혼을 불어넣는 다음의 작품은 여린 손끝에 닿을 듯도 하다.

하루도 쉬지 않고
밤과 낮을 뜨개질로
논과 밭에
시간의 향기로 흐드러진다

철모르는 개미
꽃 울대 감아 오를 때
꽃잎은
샛길 토담 따라
소리 없는 눈물로 걸어간다

벙그러지지 못한
짧은 호흡은
바람의 등살에 떠밀려
돌아오지 못하고
새벽이 동천으로
다가오는 것을 두려워하는
안개는 잘 모른다

묵묵히 소생의 혼을
불어넣는 땅의 소릴

– 들꽃 - 전문

들녘에 나가 눈여겨보면 지천에 들꽃이다. 우리가 가장 낮은 마음의 자세를 취하지 않으면 때론 우거진 수풀 속에 가려져 눈에 잘 띄지 않는 들꽃을 발견하기도 한다. 그 순간에 비로소 신비로운 생명력에 겸허해기도 한다. 농부들의 삶 또한 들꽃처럼 "하루도 쉬지 않고" 성실하게 살아가는 삶의 표본이다. 여기에서 들꽃과 농부는 숙명적인 관계로서 "밤과 낮을 뜨개질"을 해야만 하는 이런 끈질긴 이미지의 상관관계를 시인은 놓치지 않는다. "논과 밭에" 꽃을 피워낸 것은 서로를 향한 위안이자 격려의 동병상련으로서 오랜 "시간의 향기"를 묵묵히 담았기에 진한 향기대신 "흐드러진다"고 한 것이다. 이토록 힘겹게 피워낸 꽃이 미물인 '개미'의 장난에 꽃잎을 떨구면서 "벙그러지지 못한 짧은 호흡"이 '안개'속으로 사라졌을지라도 다시금 "소생의 혼을/ 불어넣는 땅의 소릴" 시인은 듣고 있는 것이다. 모든 생명의 모태로서 땅은 그래서 생명의 탄생을 의미하기도 하다. 세심한 관찰력과 예민한 감수성이 돋보이는 시로서 문명사회에서 우리가 무엇을 잊고 살아가는지를 뒤돌아보게 함과 동시에 시인의 소박한 삶을 엿볼 수 있는 가장 최신림 시인다운 시 이기도 하다.

아울러 이와 연장선상에 볼 때 <서래봉>은 뼛속까지 농군의 아들로서 역사적인 현장의 숭고한 의의를 되새김질 하게 한다.

민란의 아침
서래봉은 크게 울었다
배부른 자는
하늘 밭에 걸친
봉우리를

똑바로 바라볼 수 없다

다 자라지 못한
봉우리는
배고픈 동학 농민군의
움츠린 모습
묵은 하늘 갈아엎고
새로운 세상 외쳤던
농민군의 함성소리는
배고픈 들판에 널부러진 채
뼈와 살을 묻고 말았다

바람은
숨져간 넋들의
뼈와 살 냄새로
서래봉 골짜기
깊은 나무 붉게 물들여
함성소리로 활 활 활 타오른다

– 서래봉 - 전문

오랜 시간의 흔적을 더듬으며 거슬러 올라가다보면 동학혁명이 일어나던 그 날의 그 함성이 곳곳에서 들려올 것 같다. 정읍 시내에서 내장산을 가다보면 가장 먼저 눈에 띄는 '서래봉'은 내장산의 9봉 중 하나로 다른 봉에 비하여 가파르다. 그 봉우리의 형상에서 "배고픈 동학 농민군의/ 움츠린 모습"으로 본 것이다. 그렇기에 민초들의 삶에는 아랑곳없이 고혈을 탈취한 탐관오리를 비롯한 "배부른 자"는 "똑바로 바라 볼 수 없는" 봉우리인 것이다. 지금도 동진강물이 유유히 흐르는 저 먼 들녘을 바라보면 더욱 실감하게 될 것이다. 아득한 지평선 너머까지 곡식들이 풍요롭게 익어가는 것을 바라보는 것만으로도 배불렀을 테지만, 가장 풍요로운 곳에 살면서도 가장 굶주렸기에 "묵은 하늘 갈아엎고"자 했던 그 날의 그 함성이 어디까지 울려 퍼지게 되었는지를 말이다. 이처럼 위의 시 <서래봉>은 오늘날에도 끊이지 않는 관료의 부정과 부패, 대기업의 횡포, 가계부채만 늘어가는 서민들의 삶 등에 대책 없는 정부의 한심스러운 정책에 가난을 대물림 할 수밖에 없는 현실의 반영이라는 측면에서 더욱 시사하는 바가 크다고 할 수 있겠다.

현대를 살아가는 우리는 톱니바퀴에 물려 꼼짝없이 돌아가야만 낙오되지 않는 획일화되고 정형화된 사회에서 갑갑증이 더욱 더하다. 그래서 매일 똑같은 일상의 베일을 벗어나지 못하는 가운데 가고자하는 목적지가 가까우면 가까울수록 길목은 단순할 수밖에 없다. 그러나 먼 곳에서부터 찾아가는 길은 다양하다. 길 위에서 또 다른 길을 새롭게 만나듯 시인의 길도 이와 같아서 단순한 삶의 테두리를 벗어나고자하는 욕망은 강하다. 그래서 실제의 세계에서 결핍이야말로 극한에 달한 자아를 발견하게 되는 원동력이 되기도 한다. 이런 면에서 비추어볼 때 오랜 시간의 벽을 거슬러 올라가서 세상의 여러 단면에 잇대어놓은 현실의 본질을 찾아 먼 길을 떠나는 것을 시인은 마다하지 않는 것일 게다.

어디로 갔을까
모두들
어디에 있을까

옛 주인
그리워하는
풍경소린
시공時空 넘나들며
토총土塚 두드린다

바람소린 울어댄다

천년 세월
저편으로 흘러내리는
시린 눈물
내 가슴 훑으며

탑 끝에
눈물로 매달린
너의 눈동자
나는 보았다

훗날
누가
그 탑 끝에서
나의 눈동자
찾을 수 있을까

흔적 2 - 미륵사지에서 - 전문

화려했던 백제의 멸망과 함께 사라진 역사 속 수많은 사람들의 눈물의 흔적을 탑 끝에서 찾아낸 "너의 눈동자"이나 그냥 바람처럼 다녀간 "나의 눈동자"는 어느 누군가가 찾을리 만무하다. 하지만 동시대의 아픔을 여과시켜가는 엄숙미와 함께 마음의 저편에 숨겨놓은 애련의 씨 앗들은 그대로 남아서 금방이라도 싹틀 것 같은 느낌이다. 시인의 간접적인 경험이지만 필터에 여과시키는 과정이 평범한 일상의 잔상이 되어주는 것처럼 작은 풍경하나, 미처 생각지 못한 발견에서 시작된 시상이 정서적 울림이 되어 마음의 안쪽에서부터 가늘게 떨려오는 것을 감지할 수 있을 것이다. 기억이란 남아있는 자의 몫이며 의무이기 때문에 오랜 시간이 흘러도 어쩌면 시인의 '눈동자'를 그 누군가는 찾아낼 수 있지 않을까 싶다.

저기 저 에베레스트, 낭가 파르바트 8,000m 정상에서는 철새들의 시체를 발견할 수 있다고 한다. 이는 캐나다 북쪽 툰드라 숲에서 발진한 철새가 아시아 대륙을 관통하여 히말라야를 넘고, 인도 남쪽 아드리아 바다를 거쳐 히말라야 상공의 돌개바람 속에 기력이 쇠잔해지며 떨어져 죽기 때문이라고 한다. 이 철새들은 자신의 죽음을 예견하지 못한 것은 아닐까? 만약 날지 못하는 새였다면 죽음은 면했을지 모르는 이 아이러니에 부딪히게 된다. 그러나 어떤 바람이 불어오든 최신림 시인의 이번 ≪바람이 보인다≫란 시집에서 보여준 '바람'의 의미가 곧 시인의 걸어가고 있는 삶의 모습과 흡사한지도 모른다. 삶의 집착으로부터 자유로워지고 싶은 것이 '바람'이라면 시는 삶의 무게를 끌어안고 살아가는 방식이다. 문학이란 집착이 없이는 불가능하지만 그 불가능을 넘어설 때 또한 가능한 것이 문학이기도 하다. 그래서 삶과 자유 그 사이에서 놓인 긴장감의 끈을 어떻게 갖고 가야 할지를 판단하는 것은 순전히 최신림 시인의 몫이다.

자신을 돌아보며 되새김하는 삶에서 여과의 과정도 생기게 된다. 숱한 날들의 바람벽을 거슬러 오르는 그 여과의 과정에서 떠나보내고 떠나간 빈자리가 공허한 것은 당연하다. 하지만 우리는 남겨진 자이기에 기억의 무늬를 다시금 맞추어 보면서 삶의 이면에서 찾을 수 없었던 순간들을 시시때때로 추억하고 있는지도 모른다.

이제 시인의 손에서 내려놓은 시들이 세상 밖으로 떠날 준비를 한다. 어디로 떠나갈지는 아무도 모른다. 그 어디가 되든 상관없이 바람의 나래 위에서 지금까지 가보지 못한 세계를 자유로이 유영하길 바랄뿐이다.

1부

바람이 보인다

덫

거미는 거꾸로 하늘 향하여
피타고라스의 함수와
튼실한 실의 점액 방울로
햇빛이 들지 않는 사각지대에
마방진의 촘촘한 배열 열어 놓는다
송전탑에 반라로 걸린 사이코페스트의 태양
빛 걸러낸 후미진 팔괘의 줄 마디마디에
달콤한 파스텔 냄새로 검은 덫칠한다
왼 종일 허기에 찬 거미
부스스한 얼굴 부비며
슬그머니 한쪽 다리 힘주어
미로의 줄 힘껏 잡아 튕겨
양편으로 갈라지는 공기의 진동을
온몸 짜릿한 희열로 느낀다
끈적끈적한 줄들의 미세한 떨림은
죽어가는 나방들의 살기 위한 몸부림
발버둥 치면 칠수록
어둠에 가려진 가로세로와 대각의 합이
마방진의 힘으로 더욱 거세게 옭아맨다

그 사내

바람이 사그라진 정거장에 핏기 없는 그 사내는
바튼 기침을 뱉으며 연신 손목시계를 들여다본다
그의 옷에선 오래된 비릿한 냄새가 스멀스멀
고양이를 불러들여 하수구로 흘러들어간다

시들어가는 태양이 풀어낸 검은 연기는
굴곡이 심한 아스팔트를 붙들고 다리미질 하지만
쭈글쭈글한 그의 옷은 잘 펴지지 않은 구김의 쇳소리로
도심 삼켜 올곧게 뻗은 울대를 휘어진 엿가락처럼
농락한다

지난여름 사력을 다한 큰 강의 드높은 보堡는
물살의 배를 깊이 갈라 텅텅 긁어 쌓은 모래와 자갈
몇 사람의 검은 창고 같은 입으로 밀어 넣어
자유로이 물속 헤엄치는 물고기의 부레를 부풀려
지친 뭍으로 매몰차게 내던져졌다

유통기한 넘긴 B.B 케이크가
더 이상 숨길 수 없는 투명 비닐봉지 뚫고
신출귀몰한 위장막으로 신도시에 이중 투망을 친다
끈적끈적한 그물망에 수 없이 잡혀 날개 꺾인 새들
이 산과 저산 싸잡아 안개무리 깊숙이 모습 숨겨
순한 자들 청맹과니로 만들었다

점점 흙빛으로 변해가는 사내의 얼굴에서
하나 둘 웃음이 사라지고 모래바람이 인다

여러 검푸른 댓잎 바람에 쫓기던 초라한 몰골
바람의 반대 방향으로 몸을 틀고
바자울 비좁은 외딴집에 거울로 돌아누워
곰삭은 이율배반의 달콤한 기억을 떠올리며
초침에 빛 잃어가는
어두운 벽을 낮은 호흡으로 두드린다

종속관계

파도는 죽을 때까지
바다를 끊임없이 섬겨야하는
불쌍한 나팔수다
횡으로 길게
해안 따라 나열한 물결
긴 나팔을
바다로부터 빌린 나팔수
지구가 망하는 날까지
하루도 거르지 않고
바다를 갯냄새로 말려
은은하게 때로는 강하게
쉬지 않고
神이 버린 인간에게
쏴~아, 쏴~아
쉬지 않고 들려줘야 하는
가련한 詩人이다

겨울 산

흰 뼈 내보이던 등줄 펴런 심줄이
이산과 저산 상고대로 팽팽히 맞잡아
모였다 흩어지는 안개 속을 툭 차고나와
안에서 밖으로 밖에서 안으로
산울림소릴 걷어내며 무너진다

숭덩숭덩 점으로 뿌려진 바위
거무죽죽한 남생이처럼
한 줄로 무리지어 습진 계곡에
몽글몽글한 입김 터트리며
농한 거친 호흡으로 거슬러 오르고

바람에 연신 두들겨 맞은 반백의 소나무
윙윙 소리 내는 찬 겨울에 맞서
팔뚝이 쩌~억 찢어져도
괜찮다고 팔 걷어 힘자랑 한다

빙벽에 얇게 둘러쳐진 시무룩한 석양
긴 겨우살이 하는 사람은
한 뼘의 햇살을 주섬주섬 망태에 담아
컴컴한 동짓달 밤하늘에 걸어놓고
다가올 내일 기다린다

홀로 지는 달

홀로 지는
달의 언저리에
수없이 엉켜버린
매듭 부려 놓는다
댓잎소리로 속삭이던
초라한 몰골은
외딴집으로 돌아와
곰삭은
묵언의 혼魂 꺼내
풀리지 않는
깊은 사유思惟의 길 따라
어둠이 새 하얗도록
돌아다니지만
시간에 내동댕이쳐진
가느다란 초침은
달 빛 없이 저물어가는
쓸쓸한 광야에 묶어둔
순간의 생각을 풀어
새벽 걸음 한다

들꽃

하루도 쉬지 않고
밤과 낮을 뜨개질로
논과 밭에
시간의 향기로 흐드러진다

철모르는 개미
꽃 울대 감아 오를 때
꽃잎은
샛길 토담 따라
소리 없는 눈물로 걸어간다

벙그러지지 못한
짧은 호흡은
바람의 등살에 떠밀려
돌아오지 못하고

새벽이 동천으로
다가오는 것을 두려워하는
안개는 잘 모른다

묵묵히 소생의 혼을
불어넣는 땅의 소릴

서래봉

민란의 아침
서래봉은 크게 울었다

배부른 자는
하늘 밭에 걸친
봉우리를
똑바로 바라볼 수 없다

다 자라지 못한
봉우리는
배고픈 동학 농민군의
움츠린 모습

묵은 하늘 갈아엎고
새로운 세상 외쳤던
농민군의 함성소리는
배고픈 들판에 널부러진 채
뼈와 살을 묻고 말았다

바람은
숨져간 넋들의
뼈와 살 냄새로
서래봉 골짜기
깊은 나무 붉게 물들여
함성소리로 활 활 활 타오른다

만석보

비 내린 날
동진강 어귀엔
한 맺힌 절규의 눈물이
마를새 없이
아래로 흐르고
길 잃은 백로
강기슭 거슬러 올라간다

고부군수 조병갑은
농민들이 만든 민보民洑바로 아래
새로운 만석보萬石洑 막고
농민의 고혈膏血짜냈다

핏기 잃은 2월의 겨울
홑바지 뚫고
소용돌이치던 바람은
물줄기 따라 함성 소리로
지축 흔들고
학정虐政에 시달린 농민들은

손에든 곡괭이로
보洑 무너뜨린다

외치던 그 소린
들리지 않고

배들 들판에
떨어지는 빗소린
농가부채에 시달리는
가난한 농민의
한 숨으로 여울진다

황토현

풀 섶에 잠든
한 점
바람의 넋 깨운다

뼈와 살이 묻힌
붉은 땅

이방인 귓전에
소쩍새가 배고프다고
슬피 울던 날
죽창을 힘껏 쥔
어린 농부는
터질듯 한 가슴으로
마른 땅에 피토하며 쓰러져갔다

황토 깊숙이
잠들어 있는
동학농민의 함성 소린
조용한 바람으로

영겁의 시간 오가며
우리 곁을 떠나지 못한다

두승산

산은
산문 굳게 닫고
그날의 일들 생각하지 않으려
내 두 눈 가리기위해
안간 힘 쓴다

허름한 옷차림으로
들판 내달리는
농민군의 함성소릴
산은
보고 듣고 있었다

희망의 빛들은
괭이와 죽창들고
높은 곳의 어둠을
낮은 곳으로
끌어내리기 시작했다

수많은 핏방울이
가난으로 물든
갈라진 마른 강토에 스며들고
널 부러진 뼈 조각은
검은 땅에 묻혀
황토로 변해갔다

두승산은
산 그림자 따라
능선 저편 깊은 계곡에
고이 잠 든 넋을 깨워

지금도
긴 바람 소리로 울고 있다

바람이 보인다

비 오는 날엔
바람이 보인다

한줄 사선으로 비바람이
일제히 서서 방천 개울
빗살무늬로 지나간다

흔들리지 않으려 안간힘 쓰며
한 뜸 한 뜸 앞으로 나가려는
할머니의 풍선 같은
흔들리는 허연 머리칼에
바람이 솔솔 보인다

부드러운 혀에 언어의 뼈가 숨어있듯
흔들리는 바람 속에도 강한 뼈가 숨어
지나왔던 다리 난간 위를 지나
저만치 다리 밑으로 바람은 흘러간다

바람은
힘주며 거꾸로 거슬러
올라가는 연어처럼 세차다

팽팽한 물의장력에
투명한 투망 던져
순간 일어서는 바람은
해年 살이 마친 별빛으로 숨는다

조개가 시인이다

바다에서는
조개가 시인이다

지상에서 소박맞은 자투리 언어
궁색한 바람에 모두 빼앗겨
섬들이 펼친 하얀 백지에
펜촉으로 불어 튼 파도와
밤 낮을 가리지 않고 사투 벌인다
묵계의 시간을 삼켜버린 수평선
눈귀와 입 해암海巖에 묻고
빛바래고 찢겨진 묵직한 종이
손때 묻은 작은 궤에 숨긴다
재래식 장맛나는 해풍에 떠밀려
스멀스멀 꿈틀거리는 각진 언어
풍선 같은 둥근 모래밭에 뭉텅 쏟는다
퀭하게 색 바랜 공책 갈피에 옹기종기
삼중으로 둥글게 감아 오른 푸른곰팡이는
제 몸에 붙은 시간의 껍질 벗겨
첫 마음 잃지 않으려 매운 눈 비벼 가며

묵묵히 자신의 장지長指에
옹이 박힌 뭉툭한 살 깍아
매끈한 옥구슬로 엮는다

원형탈모

하늘 반쯤 말아
빛을 걷어내는 투명한 빗방울
팽팽한 젖가슴으로 부어오른
바다의 장력을 깨지 않으려
섬과 바다 이어주는
피아노 건반 같은 수평선자락
살강살강 게걸음질 한다
천년의 정악 읊계듣고 솟아오른 섬
날카로운 파도에 베인 장엄한 너울소린
서로 겹치는 동그란 모양으로
거친 탈모의 신열 앓고
곰보 같은 파도의 머리를
농력선이 빠른 소리로 갈라놓는다
뱃길에 나눠진 낙오된 외톨이 섬
반원의 섬과 뭍 오가며
물살은 끊임없이 바위에 부딪쳐
꽃잎으로 떠오른 포단浦團
뭉텅뭉텅 바다를 떠다닌다

승 화

사람들이
중얼거리며 내뱉는 언어
달리는 자동차에
짓밟히고 찢어진다

네거리 신호등에
모여들었다
일시에 흩어진
상처 난 단어들

소음소리 뒤집어쓴
휘어진 아스팔트 길
자동차 꽁무니 따라다니며
질식된 재잘거림으로 나뒹군다

침묵의 땅을 힘차게 뚫고
솟아오른 달빛

차가운 땅에 버려진
오염된 언어
밤 하늘로 쏘아
달무리꽃으로
무리별에 어우러진다

우덕리 연가 • 1

잘 익은 태양이 수수밭에
물 비늘로 후드득, 후드득
떨어지는 날엔
유년시절 가난한 그리움이
어머니 젖무덤으로 다가온다

밭 끝에서 깨금발로 타고 오르는
보릿대 타는 냄새
유월은 태양의 팔 벌려 끌어당긴다

논 가장자리에 자리 잡은 모정에서
같이 뛰놀던 그 많던 어린 친구들은
모두 어느 하늘 아래서 사는지
빈 바람만 덩그러니 홀로 맞이한다

*옹골 냇가에 모여
피리며 붕어를 맨손으로 더듬어 잡던

* 옹골 : 정읍시 덕천면에 위치한 냇가

그 시절의 물결은
내 곁을 벗어나 아래로 흘러가고
유년의 배고픈 그리움은
시간을 거슬러 올라간다

가을 훔쳐보다

몇 점의
갈무리 햇살 오므려 잡고
바람에 흔들리는 은행잎은
요령 소리를 내다
조용하고 선명한 조리개로
가을 몰래 훔쳐본다
일찍이 먼저 나선 가을
온 산 확 불질러놓고
뒤 늦게 따라오는 가을
서로 끌어안고
절정에 이른다
파란 얼굴 노랗게 질색한
산고의 씨앗
도심에 방점으로 떨어진다
도로 경계석에 옹기종기 모여든 은행
설렘의 나그네 되어
가을바람 따라 흩어진다

2부

일탈

언제나 타인

- 어느 여배우의 죽음 -

빈 껍데기인 육체에 혼을 불어넣자
모래성에서 스타의 꿈을 키워왔건만 모든 것은 한 순간 물거품으로 사라졌다 검은 올가미에 걸려든 어리석은 연기자는 긴 수렁에 잠식당하여 가장 수치스러운 성性의 옷을 벗어 희망의 날개를 꺾여 버렸다 죽음의 우울한 비수는 차가운 심장을 날카롭게 도려내었다 검은 빗살에 온 몸을 난도질당한 무명 새鳥, 꽃을 피워보지 못하고 별이 거칠게 뱉어 내는 한 줌 빛의 길따라 투명한 동공에 비추는 타인의 눈물로 사라졌다

강

강물은 쉼 없이 시간에 부딪힌다
물줄기는 오랜 시간 거스르지 못하고 얕은 둔덕과 바위를 지나 겨울잠에서 깨어나는 야생화의 속삭임과 솔바람소리 들으며 흐른다 모래톱에서 샛강을 부둥켜안고 물살 떼어 주며 살랑거리다 때론 소용돌이 속에서 자신의 속내 비치며 여유롭게 흐르기도 한다 욕심에 파괴 되어가는 도심을 벗어나 강물은 앞서거니 뒤서거니 서로 견제하며 묵묵히 아래로 더 낮은 곳으로 오늘도 흐르고 있다

바다와 詩 • 1

바다는 바람 앞세워
수 억 년 동안
검푸른 물살에 감춰 놓은
신들의 말씀 꺼내
시간의 손으로
고결한 숨결이 숨어있는 백사장에
바다의 전설을 조용히 써내려간다
펼쳐진 바다의 전설을 받아든 모래
하나하나에 바람 불어넣어
모래성 만들고
간간히 버려진 거친 말씀은
하늘에 숨겨둔
구름의 조용한 호흡으로 곱게 닦아낸다
바위에 잘게 부서진 바다의 언어들
등 굽은 갈매기의 힘찬 날개에 담아
신들이 열어준 바다의 가슴을
황폐한 도심에 버려진
슬픈 족속에게
바다의 교향시로 전하여준다

바다와 詩 • 2

바다는 해조음표 만들어
아름다운 소리 내며
神들에게
소외당한 인간을 위로한다
바람은 간혹 음표를
바다에 떨어뜨린다
밀물에 깎여진 거친 음정
파도가 새롭게 조율하여
새콤한 조갯살에 숨겨놓는다
난타에 무섭게 부서지는
파도의 잔 파열음
일렁이는 햇살이 흡수하여
붉게 타는 수평선에 알몸으로 나열한다
바다의 향기가
서재의 묵은 책에서
묵향으로 솔솔 피어난다

바다와 詩 • 3

비는
수평선 끝자락에 흩뿌려진
뭍과 파도를 이은
바다를 징검징검 튕겨 오른다
하늘과 바다는
그들만의 이야기를
비와 흔들리는 너울로
파도의 간주곡 만들어
외톨이 섬들끼리 연결하는
바닷길에
반원의 무지개 펼쳐
맑은 음표와 詩 소리로
지친 인간에게
神들이 거니는
시원始原의 바람으로 보여준다

고독한 섬

검은 바다에
고독의 씨앗
파도소리로 키워간다

서로 마음 닿지 못한
외톨이 섬의 사연

뼈마디의 실핏줄로
바다의 가슴속을
밤새 떠다닌다

세월의 망각 속에 피어나는
한 조각 그리움
파도소리로 씻겨내고자
바위등 오르내리며
긴 울음소리 낸다

일탈

태양의 이글거림은 도심에 뚝뚝 떨어져 모두 타들어 가고 자유에 굶주린 인간들은 각목처럼 딱딱한 빌딩 숲 벗어나 한 점 바람 소리 휘적거리며 도시 벗어난다 고독에 지친 종족들이 가시 돋친 언어를 아스팔트에 쏟아내고 그 위 걷는 자 묵언으로 대지의 변명 듣는다 지구에 기력 빼앗긴 희뿌연 달 힘없는 모습으로 좁은 창문 잡아 흔들지만, 유리창에 숨어있는 몇 호흡의 거친 숨소리는 오래전 검은 손아귀에 잠식당하였다 오염에 찌든 퀭한 얼굴들 도심에 득시글거리고 햇빛의 비수에 심장이 삭둑삭둑 잘려 멎어버린 시간은 나약한 자들의 발걸음 잡아 도심의 정글 속 탈출하지 못하도록 미로 같은 밤의 세계로 몰아넣는다

환경기초시설감시단 • 1

– 쓰레기 매립장에서 –

자연의 공간에서 버림받은 땅
등 굽은 부패한 쓰레기 더미에
가차 없이 햇빛 퍼붓는다

자연 파괴하는
인간에게
저주 알리는 빛줄기다

들판 저 너머에서
이 들판 건너로 부는 바람
하늘 향해 입 크게 벌린
검은 매립장에 붙잡혀
맨 밑으로 가라앉는다

거대한 무덤으로 변해가는
매립장 복판에 서서
아무것도 할 수 없는 나는
후손들에게 죄스런 마음
차마 고개 들지 못한다

환경기초시설감시단 • 2

– 쓰레기 소각장에서 –

거대한 괴물이
쓰레기를 낼름 받아먹으며
입에 큰 불 머금고
소화 불량인지
하늘 향해 신트림한다

철없는 바람은
그것이 독인 줄 모르고
사악한 눈초리로
허연 연기 허릴 잘라
나뭇잎 흔든다

비산재가
바닥에 흩어진다

바람은 기회를 잡아
다시 또 인간의 코 속에
잿 가루 밀어넣으려 한다

흘러내리는
소각재물은 흥건히 고여
토양 오염 시키는데
순진한 흙은
후손에게 물려주려고
땅속 구석구석에 숨겨둔다

오늘도 거칠게 돌아가는 소각로는
인간의 간악함을 간파 한 듯
모두를 절망으로 몰아 넣는다

환경기초시설감시단 • 3

– 폐수 처리장에서 –

폐수는
관로따라 등떠밀려
신체 검사받으려
동그란 원 속에 모였다

서로에게
풍겨나는 역겨움
자신의 코 잡고
아우성이다

내 몸 깨끗하게
만들어준다고
알 수 없는 분말가루
자꾸 자꾸 부어댄다

모두 옷 벗겨지고
숨이 막혀오고
가렵기도 하고
멀미가 날것 같은데

이젠 더 이상
필요 없다고
발로 엉덩이
뻥 차더니
냇가로 나가란다

갈 곳이 없다

저 산에
부는 바람
갈 곳 없어
하늘자리에 떠있다

새벽 부서진
어느 성좌의 그늘

파도처럼
일렁이는 바람결
일렁이는 바람결
일렁이는 바람결

깨진 평형은
갈 곳이 없다

열애

바다는 밤 세워
마음의 속살을
모래톱에 쏟으며
하얗게
하얗게 울었습니다
무심코 날아간 한마디 언어는
파도를 일렁이며
가슴 아리는 해조음 소리로
귓전 울려오지만
의미를 알지 못하는
난파선은
갈피 못 잡고 물위를 표류합니다
모래에 새겨진
네 발자국은
파도의
가슴속으로 사라지고

추억의 시간은
엄마의 품속인양
바다 속으로
모습을 감추어 버립니다

집시 연가

호숫가
물안개처럼 널브러져
지나온 여정
방랑의 끝 찾아
터벅터벅 떠돌다
바람이 던져준
소용돌이에 맴돌이한다
낯선 땅에 뒹구는
주인 없는 백골은
달빛 속으로 사라지고
오늘도
슬픈 산을 안고
뿌리 찾아 떠난다

날개

내속엔
네가 없고
불면의 바람
불어친다
과오범한
지난 역사
스스로 아픈
굴레 돌려
어두운 광야
달려왔다
가슴속에
박힌구속
벗어나려
옥죄였던
한숨서린
지난시간
눈물로 하소연한다

무슨 생각할까

틀 벗어난 초침은
꿰뚫린
시간의 벽지나
광야에 흩어진다

밀폐된 사방
벗어나지 못하고
어둠 쫓아
빙빙 돌고 있는 인간

그들 바라보는
신들
무슨 생각 할까

주어진 길

나는
부정하지 않는다
꿈속의
호접을 따라
새로운 시작의 길 찾지 못하고
헤매는 것은

숨 바튼 광야에 다가 서는
희망의 종소리 듣기위한
기다림의 미학을
하얀 백지에
시나브로 걸어가며 써간다

주인 잃은
초승의 바람소릴
몽글 몽글 키워
허울 없는 허공의 발로
주어진 길에 흩뿌린다

3부

하늘을 벗 삼아

별 하나

바닷가
모래사장에 흩어진
별을 모아
밤하늘에 매달아 놓았다

파도에 휩쓸린
또 하나의 별이
바위에
철썩 소리 내며 흩어진다

내일도
흩어진 별을 모아
밤하늘에
매달아 놓아야지

별 둘

울퉁불퉁한
갯바위에 조각난
별들은
밤바다를 떠다닌다
둥근 달빛을
품어 안은
예쁜 별을 골라
어둠 밝혀주는
가슴에 매달아 줘야겠다

별 셋

별들이
고향 그리워
흘린 눈물은
별똥별 되어 떨어진다

수많은 별들이
고향 가고파
바람과 흰 눈으로
북극 오로라 따라 춤을 추고
홀로 등시린 날엔
밤하늘 올려다보자

어느 천궁에서
친구가
밤하늘 북극광으로
다가올지 모르니까

별 넷

별들은
그리운 고향 찾아

어두운 길을
물어,
물어 떠났다

질척거리는
천궁의
블랙홀을 지나

어느 조그만
성좌에 도착하였다

그러나

이곳은
아무도 살지 않는
폐허였다

별 다섯

별은
오래전에
우주를 떠나
블랙홀에서
길 잃고 사라졌다

태양의 그림자로
쏟은 별빛
긴 터널에 빠져
차디차다

빈 밤하늘
사라진 별들의 흔적이
총총히 박혀 있을 뿐
하늘은 고요하다

별 여섯

굶주린 블랙홀이
별을 삼켜
긴 회랑
끝으로 향한다
성좌의
끝자락 붙잡던
이름 없는 별
마지막 빛은
달의품에 안겨
달빛이 된다

별 일곱

별들은
뼈를 깎아
밤사이
서릿발로 꼿꼿이 섰다

발아래
짓밟혀 무너진
수많은 이야기

슬픈 얼굴로
아침을 맞이한다

별 여덟

별들이
계곡에 떨어져
봄 햇살이 되었다

산수유에
흐르는 눈물

반쯤
입에 베어문
낮 달

아지랑이 너머로
담박질하는
구름

옛 모습 그리워
애써
하늘 훔쳐본다

별 아홉

별들의
길을
찾아 떠나는 자

별들의
옷깃을
털며 돌아오는 자

밤바다에
쏟아지는 빛으로
힘껏
날개짓 한다

밤 파도는
모래밭과 솔밭을
오가는
솔잎소리되어
어머니 품속으로 파고든다

하늘을 벗 삼아 • 1

뭉게구름 나빌대는
사방 귀퉁이
바람의 날개 문질러
천상의 간주곡으로 나래 펴리라

유성이 되어버린
지난날 꿈
남색 오선지 위에 수놓아
천상의 간주곡으로 들려주리라

판도라 속
별빛 꺼내
어둠 밝혀주는
천상의 간주곡으로 장식하리라

하늘을 벗 삼아 • 2

원으로 도는 내 삶
하늘거리는 구름에 풀어
자유 찾아
이곳저곳 유영하며
모든 것 포용할 수 있는
사람으로
하늘 향하여 외쳐본다
너는 내 친구이니까……

하늘을 벗 삼아 • 3

채송화도 심어보고
민들레도 심어보고
코스모스도 심어보고
들국화도 심어보고,
친구의 웃음도 심어보고
꿈속의 꿈도 심어보고
문학도 심어보고
인생도 심어보고
어머니 그리움도 심어보고
첫사랑의 기쁨도 심어보고
첫사랑의 아픔도 심어보고
친구의 우정도 심어보고
친구의 배반도 심어보고
죽음도 심어보고
나만의 모든 것 심어보리라
하늘을 벗삼아……

하늘을 벗 삼아 • 4

내 뜨락에
창포로 머리감은
제비 한 마리
금 그어
파란 속살 쏟아
세상
온통 푸른빛으로
물들이고
조용히 날아가 버립니다

4부

사모곡

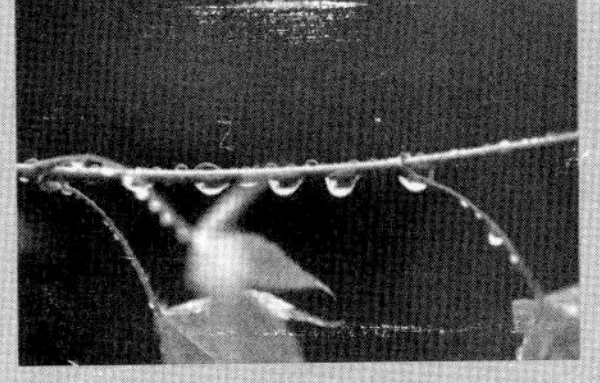

산속의 섬

산골 마을 지나
길모퉁이 다다르면
산속의 섬이 보인다

굽이굽이
한숨으로 가려진
산마을

폐가 마당엔
산새들이 올망졸망 모여
이방인 바라보며
옛 시절 이야기
잡초로 가득하다

텅 빈 물살
가득 채운
조각배, 한척

고요하던
*두월의 밤하늘에
초승달 떠오르면
산은 외로이 운다

산 울음소리
흠뻑 젖은 물안개
산속의 섬 삼키며
섬 밖으로
새로운 여명 낳는다

* 두월 : 정읍시 산내면 두월마을

연

가을 걸친 창공
꼬리 흔들며
황금 바둑판 바라본다
얼레에 감겨진
가난한 시절들이
하늘 끝
까만 동그라미 되어
넌, 꿈 찾아
자유로이 유영하는데
연 실에 붙잡힌, 난
세월만 축내고
둥지 향한 기러기
외로운 발걸음 무게만큼
텅빈 날갯짓 한다

겨울 내장산

단풍 옷
모두 벗어버린
내장산

노령의
두꺼운 솜이불
머리까지
뒤집어쓴 채

좀처럼 바깥과
내통 하지 않으려고
산문 닫아
열어주지 않는다

어떻게
지내는지 찾아보니

대웅전 앞
한적한 점포에서
흘러나오는
공염불 소리가
속사정
대신 말하여준다

방 천 길

먼저 가신
할아버지, 할머니
삼촌이 방천길 사시는 곳

이제 어머니도
가 계시고 그리움만
내 가슴에 남겨 놓은 채
벌써 수개월이다

반딧불 날아다니는 날은
마음이 더 찢어진다

명아주 흐드러지게 예쁘고
버들잎 피어 살랑거림은
어머니의 손짓 아닌가

손잡고 즐겁게
외가도 가고 시장도,
방천길 지금은 슬픈 길이다

그 길

동천의 삼베 끈
이승에서
저승으로 던지던 날

시간의 어제는
저 언덕 너머로
긴 한숨 내 뱉는다

마지막 한 걸음
이승 버리고
저승문턱 다다랐을 때

슬피 울던
요령소리
하늘 흔들어
이승 문 닫아버린다

사모곡 • 1

대숲 바람 소리에
눈감지 못하고
저승으로 날아가 버린
어미새의 슬픈 이야기를 아시나요

자식이 그리워
외씨 버선발로 찾아와
밤새 울며
하얀 가슴 붉게 쪼아대는
그리움의 새

뒷산 보름달
숨 가쁘게 차오르면
돌아가야 할 날개· 짓에
눈물 떨구고

그리움으로
댓잎 흔들리는 날
어미새는
내 맘속 날아들지요

사모곡 • 2

목련 꽃잎으로
다가오는 어머니의
얼굴은
봄날입니다

어젯밤
꿈속에서 아지랑이 타고
산 능선 따라 걸어가던
어머니의 뒷모습을 보며
한없이 울었습니다

하루, 하루, 살아가던
어머니의 삶은
한 장 한 장 떨어지는 꽃잎처럼
자식의 앞날
훤히 밝혀주시던 등대였습니다

산소 가던 날
영산홍 활짝 핀 웃음으로
어머니는 바람의 손 내밀어
어린 자식 볼 부비며
눈물 훔치셨지요

생명을 불어 넣어
세상 보게 해주신 어머니
다시 영산홍 피면
당신의
손자 손잡고 찾아뵙겠습니다

사모곡 • 3

해마다 자식 생일이면
팥떡과 정한수 떠놓고
동트기 전 촛불 밝혀
자식 잘 되라고
두 손 모아 빌고 계셨던 모습이
지금도 눈앞에 아른거립니다
촛불이
모두 사위어질 때까지
두 눈 지그시 감으시고
자식의 앞날 잘되기만 바라며
조용한 목소리로
신령님께 두 손으로 복을 빌어
자식의 질척거리는 길
훤히 비춰주는 불빛이었습니다

어머님은
한 평생 자식 위하여
아낌없이 주는 나무였죠

사모곡 • 4

봄날!
소쩍새가 슬피 우는 날
논에서 가난을 뱉어낸
흙냄새는
어느새 제 곁으로 다가옵니다
어머님과 둘이서
괭이로 손수 못자리판 만들 때
철모르는 어린 자식이
힘들다고 응석부리면
어머님은
도깨비 이야기 들려주기도 하고
음정이 맞지 않지만
노래를 불러주기도 하셨던
어린 날의 시간이
나른한 봄날
아지랑이로 피어오릅니다

사모곡 • 5

졸라 맨 허리띠마다
주린 배 움켜쥐며
어린 자식 일곱 목구멍
거미줄 걷어 내느라
등허리 휘도록 고생하신 어머니
한 평생을 보내셨습니다

날마다
논 밭 일구시더니
병마와 싸우다
갓 넘긴 예순의 짧은 생을 접고
흙으로 가셔 버렸지요

편한 삶, 살아보지도 못 하신
어머님은
한평생 억새처럼
강인함을 보여주시고
제 곁을 떠나셨지요

사모곡 • 6

밭이랑 보면
자식 뒷바라지로
깊이 파여 버린
살아생전
어머님의 주름살이
눈앞에 떠오른다

고왔던 손은 간데없고
가뭄에 마구 갈라진 논밭
거북등처럼 거칠었던 손
지문도 닳아빠지고
고왔던 피부는 해묵고

쭈글쭈글한 손끝에서
투박하게 무쳐진 겉절이가
오늘따라 먹고 싶다

사모곡 • 7

생전의 어머님 얼굴
눈감아 보아도
떠오르질 않는다

어머님 품 그리워
꿈속에서 불러 보지만
돌아치는 건
맴도는 눈물 뿐

초침은
참으로 빠르다
추억은 망각을 넘어
서산너머로 가버리고

내 살갗에 느끼는
자식의 따스한 체온이
활짝 웃으시던
어머니 촉촉한 느낌이다

사모곡 • 8

어둠을 틈타
하얀 버선 발로
부모님은
아들 꿈 속 다녀가신다
이승에서 못 다 나눈
부모 자식 간 이야기
시간으로 걸어와
바삐 다녀가신다

5부

역마살

겨울바다

삭풍은 검 뽑아
겨울을
거칠게 잘라
바다에 던진다

심장을
도륙당한
바다
해안선에
머리채 잡혀
몸부림친다

어린 갈매기는
힘겹게 자맥질하다
겨울 파도에
모습 감춘다

삼천포에 비가 내리면

삼천포에
비가 내린다

떨어지는 빗방울
파도가 휩쓸어
바다로
모두
가져가버린다

바다는
하늘 울음
등에 업은 채
그칠 줄 모르고
목 놓아 운다

노산공원에
비가 내리면
박재삼 시인의 숨소리
되살아나

솔향기 풍겨나는
시 구절 읊조리며
해조음 소리로 가버린다

삼천 포구에
또 다시
비가 내린다

흔적 • 1

살기 위해
몸부림친다

짓이겨진
휴지처럼
몸 움츠리고

울대에
고인 피멍울
목 감싸 쥐고
하루해가 졌다

피고 지는
삶은
또 하나의
사고思考를 남긴다

흔적 • 2

– 미륵사지 에서 –

어디로 갔을까
모두들
어디에 있을까

옛 주인
그리워하는
풍경소린
시공時空 넘나들며
토총土塚 두드린다

바람소린 울어댄다

천년 세월
저편으로 흘러내리는
시린 눈물
내 가슴 훑으며

탑 끝에
눈물로 매달린
너의 눈동자
나는 보았다

훗날
누가
그 탑 끝에서
나의 눈동자
찾을 수 있을까

진달래

봄 속에 살으리렷다
꽃 속에 살으리렷다
산에는 꽃이
꽃잎엔 봄이 피네

푸르름 벙글어지는 소리
종달이 봄을 쪼아

한줌씩

뿌려놓은 소리마다
피어난 핏방울
산자락 뒤안길로

방초에 뒹구는
햇빛의 그림자 머금은
시냇물은
내 몸에 흘러내리고

산에는
봄내음 가득
가슴속엔
꽃향기 가득

봄 속에 살으리렷다
꽃 속에 살으리렷다

역마살 • 1

오솔길 접어든다
장돌뱅이
푸른 내음
풀꽃 내음
허기 달래고

객주 집
탁주 일 배
국밥 한 그릇으로
마음 달래고

읍으로 면으로
산간 오지
줄음 잡아 방물 편다
단돈 몇 푼 생기면

가난과 노고 희망으로
바뀐 시간

해는 주마등처럼
서산 넘어
뻐꾸기 고향 하늘
나그네 눈물로 날아가는데

내일은
어느 장터로 갈거나……

역마살 • 2

대여섯의 중년 사내들이
자신을 애써 감추고 지우려
눈을 파랗게 멍들이고 날선 입술엔
시뻘건 루주로 광대 입술 만든다
바짝 마르고 밋밋한 앞가슴에
까맣게 때 낀 C컵 뽕브라와
엉덩이 치켜 올라간 스커트 입는다
한오백년 노래 부르며
고무줄로 묶은 고무신을
음악소리와 웃음소리로 빽빽한
사람들 향하여 휙 발길질한다
허공을 양편으로 갈라놓은 검정고무신
씨줄과 날줄로 짜인 올가미에 걸려
멀리 날지 못하고 땅으로 떨어진다.
질척한 땅바닥에 나뒹구는 자존심
황급히 쥐구멍으로 말려들어간다
동맥타고 온몸으로 쫙 퍼져 울리는
젊은 날 방황의 뜨거웠던 쇠북소리
미세하고 시큰하게 눈가 떨려오면

엿가락 장단에 맞춰 손가락에 피어난
붉은 꽃잎을 굳은살로 지워야했고
울퉁불퉁하고 뭉툭한 녹슨 기억
엿 가위로 싹둑싹둑 잘라내듯
흰머리 성성한 사내는
북과 장구 찢어지도록
신들린 사람처럼 무참히 내리친다

역마살 • 3

핏줄은
못 속이는개벼

지 애비도
젊었을 때
집 떠나
장터에서
청춘 보내더니
너마저……

길섶에 뿌려진
핏빛 한恨
어미 가슴 멍들이고

주름진 세월
접어두고
자식 위해
발길 돌렸으면 좋으련만

핏줄은

못 속이는개벼

역마살 • 4

수많은
사람들 속에서
큰 가위로
자신을 잘라내며
광대처럼
웃음 팔아야 하는
엿장수

가슴 뭉클하게
울려나오는 북소리에
슬픔 배어 있는
시린 가난의 아픔
아무도 모른다

자신을 팔아
손에 쥐어진
천 원짜리 지폐
두 장

속은 까맣게
타 들어가도
웃음과 노래를
팔아야하는
장돌뱅이 인생

역마살 • 5

배 꽃잎에
비추이는 햇살 따라
세월의 강 흘러간다

종달이는
가슴 끝에
가난의 날갯짓하고

오일장
화전 냄새 속에
지난 날 고생
갈라진 손 틈 사이로

춘곤에 잊혀진
탁탁했던 시절의
가슴 아린 이야기
바람타고 훨훨

農無 • 1

들판엔
소들이 없다

소가 여물을 되새김질하며
느릿느릿 지나다녔던 자리엔
크나큰 트랙터가
경유를 벌컥벌컥 마시며
소 흉내 내듯
뒤뚱 뒤뚱 간다

들판에
소달구지가 없다

저녁 햇살 받으며
소달구지가 어그적 어그적 지나던 농로엔
트럭이 먼지 날리며
잽싸게 앞을 향해 내달린다

소들은
농사일 하지 않고
우리에 모두 갇혀 있다

소들은
인간에게
언제 잡혀 먹을지 모른 채
한가롭게 음악 들으며
큰 눈망울만 껌벅거린다

農無 • 2

들판에 사는
거머리들
이젠 굶어 죽을
일만 남았다

인간의 피를
빨아 먹을 수
없기 때문이다

이앙기가 사람 대신
모 심으며 논 속
휘저으며 돌아다닌다

간간이 사람이
논 속으로 들어오지만
다리에 착 달라붙는
노란 물 장화를 신었다

그 검은 입으로
인간의 살을
깊숙이 뚫고서
맛있는 피를
빨아 먹어야 하는데

거머리들은
굶주린 배를 움켜쥐며
죽을 일만 남았다

農無 · 3

들판엔
한가로운 여유가
사라진지 오래다

홀로
내 자신과 싸우며
농기계 소리 벗 삼아
하루 처리 해야 할
일만 주어졌을 뿐

땅은
인간에게
옛날 그대로
흙냄새를 전해주는데

인간은 흙에게
마땅히
줄 것이 없다

들판은 삭막하다

農無 · 4

들판엔
농부들이 별로 없다

긴 매연 내뿜는
농공 단지가 무리 이뤄
농토와 농부 집어 삼키고 있다

정부에선
한미 FTA 타결 위해
공권력과 모든 방법 동원하여
성사 시키려고 혈안이다

민심과
농민들 가슴은 타들어간다

가난한 농부는
삽과 괭이를
기계 속에 던져버리고
하나, 둘
공장 노예가 된다

논배미엔
나락 반 피반
농사일에 별 관심이 없다

공장에서
일하고 월급 받는
재미가 더 쏠쏠하다

앞날 걱정하는
몇몇의 농부들은
후손 생각하며
긴 담배 연기에
한숨 되 뇌이며
말없는 땅 갈아엎는다

6부

상고대

채마밭에서

계절을 달음질하는
빗방울
토닥토닥 사방 넘나들며
얼룩진 일상생활
조용히 다독여준다

밭이랑 가르는
굵은 빗줄기
땅속 깊이 스미고

다음 소생 기원하며
자신을 아낌없이
모두 버리는 씨앗들
두꺼운 땅 뚫고서
작은 하늘
빠끔히 바라본다

스스로 터득하며
살아가는 생명

채마밭 모퉁이에서
자연의 순리를 응시하는
초라한 내 모습
숙연해진다

상고대

바람은
저물어가는
겨울을 붙잡아
물오름 사라진 나무에
눈물로 가둬버렸다
가파른 고개를
넘지 못 한 보릿고개
별 빛 같은
서리꽃으로
태양의 음률 따라
이산과
저산
연결한다

삼 월

잔뜩
얼굴 찌푸린 하늘
구름 속에
숨은 바람이
데불고 노닐다
한바탕
우울한 단비 내린다
말끔히
황사 씻어낸
도심 하늘엔
이름 모를 새들
무리지어 날고
비가 한 번씩
내릴 때마다
계절은
한 페이지씩
추억을 넘긴다

사 월

계절은
실바람에
봄을 빼겨
그 슬픔
붉은 꽃으로
산등성이에
흩뿌려 놓았다
언 땅엔
나른한 아지랑이
피어오르고
꽃 받쳐 든
실개천위로
봄날의 시간이
다음 기약하며
흘러간다

오 월

산들이
모두
겉늙어 버렸다

아카시아 꽃
뒤집어쓰니
희끗희끗
새치처럼 보인다

산들은
젊어지고파
꽃향기로
아우성이다

유 월

들판에선
보리들이
서로 목을 움켜잡고
뙤약볕에 타들어간다

길고 길던
태양의 정점은
하지夏至에
한 풀 꺾이고

때 이른
유월 장마가
시끄러운
한반도를
집어 삼킨다

칠 월

아스팔트 뚫고 올라오는
습한 비리非理한 냄새
서민 살림 쪼들리는 한 숨
서로 머리 맞대어
장마전선 이룬다

슬레이트 지붕 때리는
굵은 빗줄기
난개발에
모두 헐벗은 산비탈
순식간에 겁탈한다

무너진 토사
*행담도 집어삼켜
입 꽉 다문 체
침묵이 제일이라며
쉬쉬댄다

* 행담도 : 서해대교 행담도 비리사건

팔 월

여름은
가을 숨겨놓고
빼앗기지 않으려
비와 바람
앞장세워
안간힘 쓴다
잠깐 이승 맛본
슬픈 매미
이별 아쉬워
조물주 원망하며
낮 밤으로
울대 터져라
서럽게 울며
남은 생 지워간다
지축의 한계를 지나간
따가운 태양
이만치
뒷걸음질 한다

구 월

바람은
계절을 밀어낸다

반복의 울음소리
마무리 지은
매미들
땅 바닥에
박제된 듯
움직이지 않는다

짧은 목
길게 늘어 뺀
귀또리는
제철 만나
서로 상생 하자고
소리 높여
텃세 부린다

시 월

가을 들녘
풍성한 곡식
익어 가는데
쌀 개방 정책에
농부의 마음
더욱 가난해진다

밭두렁에 매인
누런 황소
커다란 눈망울 속으로
멀어져가는
농부의 뒷모습
힘없이 바라본다

십일월

낙엽은
긴 시간의 꼬리를
잘라내고
공간 떠나
허공에서
마지막 소리 낸다
계절은
상생의 흔적을
가슴에 안고
길모퉁이 헤매다
한 점 바람 베어 물고
우리 곁을 떠나간다

십이월

신들의 이야기
술에 타 마셔버리고
돌아갈 시간은
몇 호흡 남지 않았다

시간의 껍질을
태워버린 두려움에
자꾸 뒷걸음질 하고 싶은데

초침은
반복의 습관에
나를 내일로 떠민다

떨어지며
사라지는 순간들
동토에 눌리고

몇 번의
마른기침으로
신들의 침묵 대신한다

7부

참회의 기도

동 행

검푸른 하늘에서
무수한 화두話頭가
아스팔트에 떨어져
깨달음으로 조각난다
잘게 부서진
생각의 꼬리
다시 튀어 오르고
땅바닥에
원으로 부서지며
실뱀처럼
빗물과 함께
흘러간다

오솔길 • 1

나와 고독과
이름 모를
산새들 소리와 함께
산모퉁이를 걸어갑니다
바람에 흔들리는
등 굽은 소나무에선
정지해버린 녹슨 세월의
이야기가 낙엽 되어
간간히 떨어져 나리고
어린 날 습한 이야기는
바위틈에 숨어
얼룩진 이끼로 피어오릅니다
서산 나무를 물들이는 노을이
산새들 고요속으로 모두 떠나는 날
가슴 아린 두 눈가엔
추억의
오솔길이 흘러내립니다

오솔길 • 2

역사는
오랜 세월을
흙에
뼈 묻으며 바뀌었다
잎은
강토에 떨어지고
꽃은
흙으로 변해갔다
수천 광년 떨어진
하늘에 머무는
별 그림자 밟으며
황토길
홀로 걸어간다

오솔길 • 3

지금 걷고 있는
산 능선 오솔길은
어제 죽은 이의
숨결이 숨어 있다
앞서 간 이의
모습이 사라질 때
산새들은
밤새 모아둔
숲속의 이야기를
작은 호흡으로
낙엽에 담아
내일을 찾는 이에게
바스락 바스락
들려줍니다

오솔길 • 4

바람과 함께
소리 없이
바람의 길 따라
홀로 산길 걷습니다

작은 등엔
오늘 이겨낼 수 있을 만큼
삶의 고통을 짊어지고
내일로 걸어갑니다

야트막한
산비탈에선
이승의 과오 씻어내듯
마지막 바람 불러 모아
길섶에 누워있는
낙엽을 쓸어내립니다

오솔길 • 5

집 나서며
지팡이 들고
산중으로 향합니다

땅바닥에
지팡이로
살아온 나날 증명하듯
도장 찍기 시작합니다

길섶에 떨어진
낙엽에 찍고
빈 허공에 찍고
바람에 찍고

산 한 바퀴
휘돌아
땅에 찍어둔 도장
마음 속으로
이어봅니다

모두
이어진 점들은
이승의 삶입니다

약천암 • 3

항아리
다섯 개 뒤집어
곱게 쌓아 올린
탑 속 촛불은
망제봉 상왕불님의
괴짜 법문을
허연 달 저물도록
뜬 눈으로 듣느라
자울 자울
졸고 있습니다

약천암 • 4

망제봉은
나무를 빗장 걸어
산문 열지 않는데
눈치 없는
게으른 아침 햇살
소나무 틈 사이로
부스스 비집으며
얼굴 내민다
암자의 여승은
이른 새벽
탁발 떠난지 오래
빈 뜰 풍경소리에
바람은 둥글게 돌며
공염불소리 낸다

약천암 • 5

망제봉,
상왕불님은
욕심쟁이다

단 위에
정한수 그릇
열개나 넘게
갖고 있다

매일
새벽마다
물갈이가
귀찮기도 할 텐데

여승은
마음이
너그러운가보다

약천암 • 6

약천암
상왕불님 앞에
거북이 두 마리가
며칠 전 이사 왔다
이곳 물 효험을
어디서 들었는지
한 쌍이 나란히
자리 틀고
우리 부부 바라보며
물 떠 넣어주길
바라는 눈치다

월명 공원

겨울 끝자락 잡고서
어두운 오솔길로 끌려가는 젊은 넋
차가운 발로 짓이긴다
안간힘쓰며 벗어나려 하지만
더욱 힘을 가하는
독수리 발톱에 조여드는 동맥
월명공원 긴 행로에 찢겨져
사나운 아카시아 뿌리가 넙죽, 넙죽,
내 피를 마시며 앙상한 고층 아파트 흔든다
모순의 영육靈肉으로 만들어진 인간
거짓의 땅 밟으며
거짓의 굴레 속으로 걸어간다
노동의 땀방울로 뿜어야했던
장항 제련소의 긴 굴뚝 연기
누가 삼켜 버렸는지 오늘은 조용하다
만선의 깃발은
달동네 양철 대문에 모두 웅크려
젊은 날 바다를 노래하며 모닥불 쬔다

혼돈混沌을 잉태하는 망각
흙을 밀어 올리는 세포로 돋아나
째보 선창 긴 그림자로 일렁인다

중독 • 1

세상을
반듯하게
바라보기 싫어
몇 년간
술독에 빠져 지냈다
나오려 하니
자꾸 미끄러져
깊은 수렁으로
더 빠져든다
간신히 발목 잡아 빼니
이미 몸은 폐인이다

중독 • 2

내 자신과
약속 지키지 못한
내가 밉다
시끄러운
세상 등지고 싶어
퇴근길에
막걸리 한 병
사들고 집으로 향한다
서푼 같은 하루
다 잊고
한 사발 쭉 들이킨다
다음날 아침
또 후회한다
반복되는 싸움
언제쯤 종지부 찍을까

중독 • 3

주머니에 돈도 없고
술 생각나면
뒷동네 불알 친구에게
안부 메시지를
넌지시 보낸다
내가 술 생각 났다는 것을
미리 눈치 챈 친구는
퇴근쯤에 동네
통닭집에서 만나자한다
친구에게 진 술빚
다 갚으려면
집체만한 술도가니
몇 개 만들어도 부족하다

참회의 기도

귀뚜리 서럽게 울어
잠 못 이루는 밤
달의 그림자 따라
가슴앓이 합니다

빗겨 가버린 흔적들
씻으려 해도
전부 씻지 못하여
이 밤
삼천배로 대신합니다

다 채우지 못한 그릇
비우려 해도
밀려오는 욕심에
무릎 꿇어
눈물 흘립니다

화 두

나를 버리고 싶다
가지 못할 길이라면
들어서지 말걸
왜 발 들여놓고
맘 고생하는지
내 발등
내가 찍고 싶다